Maîtrisez Votre Budget

Un Guide Pratique pour une Gestion
Financière Saine

Stéphane Duvivier

Table des matières :

Introduction

L'argent joue un rôle essentiel dans nos vies, façonnant notre bien-être, notre sécurité et nos possibilités. Pourtant, nombre d'entre nous se retrouvent à jongler avec leurs finances, submergés par des factures à payer, des dettes qui s'accumulent et des objectifs financiers inaccessibles. La gestion de l'argent peut sembler complexe, intimidante et parfois décourageante, mais elle est aussi à la portée de chacun d'entre nous.

Ce livre a pour mission de vous guider à travers le labyrinthe des finances personnelles, en vous donnant les outils, les connaissances et la confiance nécessaires pour maîtriser votre argent. Que vous soyez aux prises avec des difficultés financières, que vous cherchiez à économiser pour des projets futurs ou que vous souhaitiez simplement améliorer votre gestion financière, vous êtes au bon endroit.

Nous explorerons ensemble des concepts clés de la gestion financière, des bases de la création d'un budget solide à la différenciation des charges fixes et variables, en passant par des techniques de suivi des dépenses au quotidien. Vous découvrirez comment éliminer les dépenses inutiles, épargner pour l'avenir, gérer les urgences financières et bien plus encore.

Le chemin vers une gestion financière saine peut sembler complexe, mais avec un plan clair et les bonnes informations, vous pouvez atteindre vos objectifs financiers et vivre une vie plus sereine et épanouissante. Ce livre vous accompagnera à chaque étape de ce voyage vers une maîtrise totale de votre argent.

Préparez-vous à acquérir des compétences financières essentielles qui vous serviront toute votre vie. Que ce livre devienne votre guide pratique pour une gestion financière éclairée et une stabilité financière durable. Il est temps de reprendre les rênes de votre argent et de bâtir un avenir financier prometteur. Commençons ce voyage ensemble.

Chapitre 1 : Comprendre l'Importance de la Gestion Financière

La gestion financière est souvent comparée à la colonne vertébrale de notre vie économique. Tout comme la colonne vertébrale soutient notre corps, la gestion financière soutient notre bien-être financier. Elle est la clé de la stabilité financière, de la sécurité et de la qualité de vie. Dans ce chapitre, nous explorerons en profondeur pourquoi une gestion financière efficace est cruciale pour votre avenir financier et comment elle peut avoir un impact positif significatif sur votre qualité de vie.

Pourquoi une gestion financière efficace est cruciale pour la stabilité financière

Imaginez votre gestion financière comme un système de navigation. Lorsque vous suivez un plan budgétaire et gérez judicieusement vos finances, vous avez une carte claire de votre avenir financier. Vous pouvez anticiper les dépenses, économiser pour les objectifs à long terme et faire face aux imprévus. Cependant, sans une gestion financière efficace, c'est comme naviguer dans l'obscurité, sans aucune idée de la destination ou des obstacles qui pourraient se présenter.

La gestion financière vous permet de :

1. **Prévenir les Dettes Excessives** : En comprenant vos dépenses, vous pouvez éviter de vous endetter de manière excessive et de vous retrouver piégé dans un cycle de dettes difficile à briser.
2. **Économiser pour l'Avenir** : Une gestion financière appropriée vous permet de mettre de l'argent de côté pour des objectifs à long terme tels que la retraite, l'achat d'une maison ou l'éducation de vos enfants.
3. **Faire Face aux Imprévus** : Les urgences financières, qu'il s'agisse de réparations de voiture inattendues ou de soins médicaux imprévus, peuvent se produire à tout moment. Une gestion financière bien gérée vous aide à constituer un fonds d'urgence pour faire face à ces situations.
4. **Atteindre Vos Objectifs** : Que vous rêviez de voyager dans le monde, de créer une entreprise ou de retourner à l'école, une gestion financière efficace vous aide à planifier et à atteindre ces objectifs.
5. **Réduire le Stress Financier** : Les soucis financiers sont l'une des principales sources de stress. Une gestion financière solide réduit ce stress en vous donnant le contrôle sur vos finances.

L'impact positif sur la qualité de vie

La gestion financière ne se limite pas à des chiffres sur un écran ou à des billets dans votre portefeuille. Elle a un impact profond sur votre qualité de vie quotidienne. Voici comment une gestion financière saine peut améliorer votre vie :

1. **Réduction du Stress** : Moins de stress financier signifie une meilleure santé mentale et physique, des relations familiales plus solides et une vie plus heureuse.
2. **Sécurité Familiale** : Une gestion financière appropriée vous permet de protéger votre famille contre les crises financières, offrant une plus grande sécurité à vos proches.
3. **Liberté et Choix** : La stabilité financière vous donne la liberté de prendre des décisions sans être limité par des contraintes financières. Vous pouvez choisir le travail que vous aimez, la maison où vous vivez et les loisirs que vous poursuivez.
4. **Opportunités Futures** : Une bonne gestion financière crée des opportunités pour vous et vos enfants. Vous pouvez investir dans votre éducation et créer un avenir plus prometteur.

En résumé, la gestion financière n'est pas simplement une discipline comptable, mais un moyen de réaliser vos rêves, de vivre sans stress financier et d'offrir à votre famille une vie meilleure. Elle vous donne le contrôle de votre destin financier et ouvre la porte à un avenir plus stable et plus satisfaisant. Ce livre vous guidera dans l'apprentissage des compétences nécessaires pour réaliser ces objectifs financiers et améliorer votre qualité de vie.

Chapitre 2 : Les Bases de la Création d'un Budget

La création d'un budget solide est la pierre angulaire de la gestion financière efficace. Dans ce chapitre, nous explorerons les étapes essentielles pour élaborer un budget qui vous aidera à gérer vos finances de manière proactive et responsable. Nous aborderons également la méthode des enveloppes, une approche pratique pour gérer les dépenses variables de manière plus efficace.

Les étapes essentielles pour créer un budget solide

1. **Étape 1 : Évaluation de la Situation Financière Actuelle** - Avant de créer un budget, il est essentiel de comprendre où vous en êtes financièrement. Cela implique de rassembler toutes vos informations financières, y compris vos revenus, vos dépenses, vos dettes et vos actifs. Cette étape vous donne une vue d'ensemble de votre situation actuelle.

2. **Étape 2 : Établissement d'un Objectif Financier** - Quels sont vos objectifs financiers à court et à long terme ? Que voulez-vous accomplir avec votre budget ? Établir des objectifs financiers clairs vous donne une

raison solide de gérer votre argent de manière responsable.

3. **Étape 3 : Identification des Revenus et des Dépenses** - Dans cette étape, vous détaillez tous vos revenus mensuels et toutes vos dépenses. Cela inclut non seulement les dépenses essentielles telles que le loyer ou la hypothèque, les services publics et la nourriture, mais aussi les dépenses discrétionnaires telles que les loisirs et les sorties.

4. **Étape 4 : Création d'un Budget** - Utilisez les informations de l'étape précédente pour créer un budget. Comparez vos revenus et vos dépenses, et assurez-vous que vos dépenses n'excèdent pas vos revenus. Allouez également une partie de vos revenus à des objectifs financiers tels que l'épargne ou le remboursement de dettes.

Utiliser la méthode des enveloppes pour gérer les dépenses variables

La méthode des enveloppes est une approche pratique pour gérer les dépenses variables, telles que les sorties, l'épicerie et les divertissements. Voici comment cela fonctionne :

1. **Identifiez vos catégories de dépenses variables** - Créez des catégories pour chaque

type de dépense variable que vous avez, par exemple, une enveloppe pour les restaurants, une pour l'épicerie, une pour les divertissements, etc.

2. **Allouez un montant fixe à chaque enveloppe** - Au début de chaque mois, décidez combien vous allez allouer à chaque catégorie de dépenses variable en fonction de votre budget global.

3. **Payez en espèces ou utilisez une carte prépayée** - Une fois que l'argent de chaque enveloppe est épuisé, vous arrêtez de dépenser dans cette catégorie pour le reste du mois.

La méthode des enveloppes vous aide à contrôler vos dépenses discrétionnaires et à éviter les excès. C'est un outil puissant pour vous assurer de respecter votre budget global.

En comprenant les étapes essentielles de la création d'un budget solide et en utilisant des méthodes pratiques telles que la méthode des enveloppes, vous pouvez prendre le contrôle de vos finances et travailler vers vos objectifs financiers avec confiance. Dans les chapitres à venir, nous approfondirons davantage chaque aspect de la gestion financière pour vous aider à construire une base solide pour votre avenir financier.

Chapitre 3 : La Règle du 50/30/20

La règle du 50/30/20 est une approche simple et efficace pour répartir vos revenus de manière équilibrée, vous permettant de gérer vos finances de manière responsable tout en atteignant vos objectifs financiers. Dans ce chapitre, nous expliquerons en détail la règle du 50/30/20, comment l'appliquer pour répartir vos revenus et en quoi elle peut grandement contribuer à équilibrer vos finances.

Explication de la règle du 50/30/20 pour répartir les revenus

La règle du 50/30/20 se décompose comme suit :

1. **50% pour les Besoins Essentiels** : La moitié de vos revenus devrait être allouée aux besoins essentiels, tels que le logement, les services publics, la nourriture et les transports. Ce sont les dépenses nécessaires pour maintenir une vie de base.
2. **30% pour les Choix de Vie** : Trente pour cent de vos revenus peuvent être utilisés pour ce que l'on appelle les "choix de vie". Cela inclut des dépenses discrétionnaires comme les sorties au restaurant, les loisirs, les voyages ou d'autres activités qui améliorent votre qualité de vie.

3. **20% pour l'Épargne et la Dette** : La dernière tranche de 20% de vos revenus devrait être réservée à l'épargne et au remboursement de dettes. Cela comprend l'épargne pour les urgences, les objectifs financiers à long terme et le remboursement des dettes, comme les cartes de crédit ou les prêts étudiants.

Comment cette règle peut aider à équilibrer les finances

La règle du 50/30/20 offre plusieurs avantages qui aident à équilibrer vos finances :

1. **Simplicité :** Elle est facile à comprendre et à appliquer, ce qui la rend accessible à tous, quel que soit leur niveau de connaissance financière.
2. **Priorisation :** En consacrant la moitié de vos revenus à vos besoins essentiels, vous vous assurez d'abord de couvrir les dépenses cruciales pour votre vie quotidienne.
3. **Épargne et Dette :** En allouant 20% de vos revenus à l'épargne et à la réduction de la dette, vous construisez un filet de sécurité financier tout en travaillant à long terme pour améliorer votre situation financière.
4. **Flexibilité :** Les 30% pour les choix de vie vous offrent de la flexibilité pour profiter de la

vie et de ses plaisirs sans compromettre votre avenir financier.

5. **Équilibre** : Cette règle favorise un équilibre entre la satisfaction immédiate de vos désirs et la responsabilité financière à long terme.

En suivant la règle du 50/30/20, vous pouvez créer un cadre financier solide qui vous permet de vivre confortablement tout en travaillant vers vos objectifs financiers. Elle favorise une gestion équilibrée de votre argent, ce qui est essentiel pour une stabilité financière à long terme. Dans les chapitres suivants, nous explorerons d'autres aspects de la gestion financière pour vous aider à mettre en œuvre cette règle avec succès et à atteindre vos objectifs financiers.

Chapitre 4 : Différencier les Charges Fixes et Variables

Dans ce chapitre, nous plongerons dans la distinction cruciale entre les charges fixes et les charges variables dans votre budget. Comprendre cette différence est essentiel pour une gestion financière efficace. Nous explorerons comment identifier ces charges et comment gérer les charges fixes de manière efficace pour prévenir les problèmes financiers.

Identification des charges fixes et variables dans le budget

1. **Charges Fixes :** Les charges fixes sont des dépenses régulières et prévisibles qui restent généralement constantes d'un mois à l'autre. Cela inclut le loyer ou la hypothèque, les paiements d'automobile, les services publics, les primes d'assurance et les paiements de prêts hypothécaires. Identifier vos charges fixes vous permet de prévoir avec précision vos obligations financières.

2. **Charges Variables :** Les charges variables sont des dépenses qui varient d'un mois à l'autre en fonction de vos choix et de vos besoins. Elles comprennent les courses, les

sorties, les loisirs, les voyages, les cadeaux, etc. Les charges variables sont plus flexibles et peuvent être ajustées selon vos priorités financières.

Gérer les charges fixes de manière efficace pour prévenir les problèmes financiers

1. **Budget Réaliste :** Assurez-vous que votre budget prend en compte toutes vos charges fixes. Un budget réaliste doit d'abord couvrir ces dépenses essentielles avant de prévoir des dépenses variables.
2. **Priorité sur l'Épargne :** Une fois que vous avez couvert vos charges fixes, allouez une partie de vos revenus à l'épargne et au remboursement de dettes. Cela vous aidera à construire une base financière solide.
3. **Réserve d'Urgence :** Envisagez de constituer une réserve d'urgence pour faire face aux imprévus, tels que des réparations de voiture ou des dépenses médicales inattendues. Cela vous évitera d'avoir à emprunter en cas de besoin.
4. **Examiner les Abonnements :** Passez en revue vos abonnements mensuels, tels que les services de streaming ou les applications, et éliminez ceux que vous n'utilisez pas régulièrement.

5. **Renégocier les Contrats :** De temps en temps, envisagez de renégocier vos contrats pour les services tels que l'assurance ou les services publics afin d'obtenir de meilleures offres.
6. **Automatisation :** Automatisez le paiement de vos charges fixes pour éviter les retards de paiement et les frais supplémentaires.

En comprenant les différences entre les charges fixes et les charges variables et en gérant efficacement vos charges fixes, vous pouvez prévenir les problèmes financiers et construire une base solide pour votre budget. Les charges fixes sont essentielles pour votre vie quotidienne, mais leur gestion intelligente vous permettra de libérer des ressources pour atteindre vos objectifs financiers à long terme. Ce chapitre vous aidera à équilibrer ces deux types de dépenses de manière responsable.

Chapitre 5 : Suivi des Dépenses au Quotidien

Dans ce chapitre, nous plongerons dans l'importance du suivi quotidien de vos dépenses. Cette pratique peut sembler simple, mais elle est essentielle pour une gestion financière efficace. Nous explorerons des techniques pratiques pour suivre toutes vos dépenses, ainsi que l'utilisation d'outils et d'applications pour faciliter ce processus.

Techniques pratiques pour suivre toutes vos dépenses

1. **Gardez un Journal des Dépenses :** Notez toutes vos dépenses quotidiennes, quel que soit le montant. Un petit carnet ou une application mobile dédiée peuvent être utiles pour cette tâche.
2. **Utilisez des Enveloppes ou des Catégories :** Organisez vos dépenses en catégories, telles que l'épicerie, le transport, les loisirs, etc. Cela vous permet de voir où va votre argent.
3. **Gardez vos Reçus :** Conservez tous vos reçus de dépenses, qu'il s'agisse de factures de restaurant ou de tickets de caisse. Cela facilite la vérification de vos dépenses.

4. **Utilisez la Technologie** : De nombreuses applications mobiles sont conçues pour vous aider à suivre vos dépenses. Elles peuvent automatiquement enregistrer vos transactions à partir de vos relevés bancaires.
5. **Révisez Régulièrement** : Passez en revue vos dépenses régulièrement pour vous assurer de rester dans votre budget et pour identifier les domaines où vous pourriez économiser.

L'utilisation d'outils et d'applications pour faciliter le suivi

1. **Applications de Gestion de Budget** : Des applications comme Mint, YNAB (You Need A Budget) ou PocketGuard vous aident à suivre vos dépenses, à établir un budget et à visualiser vos habitudes de dépenses.
2. **Applications Bancaires** : De nombreuses banques proposent des applications mobiles qui vous permettent de suivre vos transactions en temps réel et de recevoir des alertes en cas de dépenses inhabituelles.
3. **Tableurs Électroniques** : Si vous préférez une approche plus personnalisée, vous pouvez utiliser des tableurs électroniques tels que Microsoft Excel ou Google Sheets pour créer votre propre système de suivi des dépenses.

4. **Scanner de Reçus** : Des applications comme Receipts by Wave ou Expensify vous permettent de numériser vos reçus pour une gestion plus simple et une meilleure organisation.

Le suivi quotidien de vos dépenses est une habitude financière puissante. Il vous permet de prendre conscience de vos habitudes de dépenses, de repérer les fuites d'argent et d'ajuster votre budget en conséquence. En utilisant des outils et des applications modernes, vous pouvez simplifier ce processus et avoir une vue d'ensemble précise de votre situation financière. Ce chapitre vous guidera dans l'adoption de cette pratique essentielle pour une gestion financière efficace.

Chapitre 6 : Analyse des Habitudes de Dépenses

Dans ce chapitre, nous explorerons l'importance de l'analyse de vos habitudes de dépenses à partir des données que vous avez collectées en suivant vos dépenses au quotidien. L'analyse des habitudes de dépenses est un élément clé de la gestion financière, car elle vous permet d'identifier les domaines où des économies sont possibles et de prendre des mesures pour optimiser vos dépenses.

Comment analyser vos habitudes de dépenses à partir des données collectées

1. **Examinez vos relevés financiers :** Passez en revue vos relevés bancaires, vos reçus et vos données de suivi des dépenses pour avoir une image claire de vos dépenses mensuelles.

2. **Catégorisez vos dépenses :** Regroupez vos dépenses en catégories pour voir où va votre argent. Par exemple, vous pouvez avoir des catégories telles que l'épicerie, le transport, le divertissement, les loisirs, etc.

3. **Identifiez les tendances :** Cherchez des tendances dans vos dépenses. Avez-vous des catégories qui représentent une part

disproportionnée de vos dépenses ? Y a-t-il des mois où vous dépensez plus que d'autres ?

4. **Comparez aux objectifs financiers :** Comparez vos dépenses actuelles à vos objectifs financiers. Vous pouvez ainsi voir si vous êtes en bonne voie pour atteindre ces objectifs ou si des ajustements sont nécessaires.

5. **Recherchez les économies potentielles :** Identifiez les domaines où des économies sont possibles. Par exemple, pouvez-vous réduire les dépenses inutiles, renégocier des contrats, ou trouver des alternatives moins coûteuses ?

Identification des domaines où des économies sont possibles

1. **Réduction des Dépenses Discrétionnaires :** Examinez les dépenses discrétionnaires, telles que les sorties au restaurant ou les loisirs, et cherchez des moyens de les réduire sans sacrifier votre qualité de vie.

2. **Optimisation des Factures Courantes :** Renégociez vos contrats d'assurance, d'internet, d'électricité et d'autres factures courantes pour obtenir de meilleures offres.

3. **Gestion des Habitudes de Consommation :** Identifiez les habitudes de consommation qui coûtent cher, comme la consommation

excessive de café à emporter ou les achats impulsifs, et cherchez des moyens de les maîtriser.

4. **Économies à Long Terme** : Explorez des moyens d'économiser à long terme, tels que l'investissement dans des produits économes en énergie ou le remboursement anticipé de dettes.

5. **Augmentation des Revenus** : Envisagez des moyens d'augmenter vos revenus, comme la recherche d'opportunités de revenus supplémentaires parallèlement à la réduction des dépenses.

L'analyse de vos habitudes de dépenses vous donne un aperçu précieux de votre comportement financier. En identifiant les domaines où des économies sont possibles et en prenant des mesures pour optimiser vos dépenses, vous pouvez progressivement améliorer votre situation financière et travailler vers vos objectifs financiers. Ce chapitre vous guidera dans ce processus d'analyse et d'optimisation.

Chapitre 7 : Éliminer les Dépenses Inutiles

Dans ce chapitre, nous explorerons des stratégies spécifiques pour réduire les dépenses non essentielles. Éliminer les dépenses inutiles est un moyen efficace de libérer des ressources financières pour atteindre vos objectifs et améliorer votre situation financière globale. Nous examinerons également des astuces pour économiser sur les factures courantes, ce qui peut contribuer à des économies substantielles au fil du temps.

Stratégies spécifiques pour réduire les dépenses non essentielles

1. **Établissez des Priorités :** Identifiez ce qui est vraiment important pour vous et ce qui peut être considéré comme une dépense non essentielle. Définissez vos priorités financières pour vous aider à prendre des décisions éclairées.

2. **Créez un Budget de Divertissement :** Allouez une partie de votre budget à des activités de loisirs, mais gardez-le raisonnable. Limitez les sorties coûteuses et recherchez des alternatives moins onéreuses.

3. **Réduisez les Achats Impulsifs :** Avant d'acheter quelque chose, prenez un moment pour réfléchir à son utilité réelle. Évitez les achats impulsifs qui peuvent peser sur votre budget.
4. **Utilisez des Coupons et des Promotions :** Cherchez des coupons, des remises et des promotions pour réduire les coûts lors de vos achats. De nombreuses applications et sites web proposent des offres avantageuses.
5. **Consommez de Manière Responsable :** Économisez sur les dépenses inutiles en réduisant les gaspillages, par exemple en utilisant des appareils électroménagers économes en énergie et en éteignant les lumières lorsque vous ne les utilisez pas.

Astuces pour économiser sur les factures courantes

1. **Renégociez vos Contrats :** Contactez vos fournisseurs de services (internet, téléphone, câble, etc.) pour négocier des tarifs plus bas ou chercher des offres spéciales.
2. **Comparez les Offres :** Faites régulièrement des comparaisons pour trouver les meilleures offres d'assurance, d'électricité et de gaz, et envisagez de changer de fournisseur si nécessaire.

3. **Optimisez votre Consommation :** Économisez de l'argent en réduisant la consommation d'énergie et d'eau dans votre maison. Installez des thermostats programmables et des ampoules LED économes en énergie.
4. **Éliminez les Abonnements Inutiles :** Passez en revue vos abonnements mensuels (gym, streaming, magazines, etc.) et annulez ceux que vous n'utilisez pas régulièrement.
5. **Payez à Temps :** Évitez les frais de retard en payant vos factures à temps. Mettez en place des rappels ou des paiements automatiques pour vous assurer de respecter les échéances.

L'élimination des dépenses inutiles et les économies sur les factures courantes sont des moyens concrets d'optimiser votre budget et de libérer des ressources financières pour atteindre vos objectifs financiers. Ce chapitre vous fournira des stratégies spécifiques pour identifier et réduire les dépenses non essentielles tout en maximisant vos économies sur les factures courantes.

Chapitre 8 : Créer un Budget Réaliste et Réajuster au Besoin

Dans ce chapitre, nous aborderons l'importance de créer un budget réaliste en fonction de vos revenus. Un budget réaliste est la clé d'une gestion financière réussie. Nous discuterons également de la flexibilité nécessaire pour ajuster votre budget en cas de changements dans votre situation financière.

Établir un budget réaliste en fonction de vos revenus

1. **Évaluation Précise des Revenus :** Commencez par déterminer avec précision vos revenus mensuels. Cela inclut non seulement votre salaire, mais aussi tout autre revenu, comme les prestations sociales, les revenus de location, les dividendes, etc.

2. **Priorisation des Dépenses :** Identifiez vos dépenses essentielles, y compris le logement, les services publics, l'alimentation et les paiements de dettes. Allouez une partie de vos revenus pour couvrir ces besoins de base en premier.

3. **Allocation aux Objectifs Financiers :** Allouez une partie de vos revenus à l'épargne, à la constitution d'une réserve d'urgence et à

d'autres objectifs financiers à court et à long terme.

4. **Répartition des Dépenses Discrétionnaires :** Accordez une certaine flexibilité pour les dépenses discrétionnaires, telles que les sorties, les loisirs et les achats personnels, mais gardez-les dans les limites de votre budget global.

5. **Tenez Compte des Dépenses Variables :** Soyez conscient des dépenses variables, telles que les factures saisonnières ou les dépenses imprévues, et prévoyez des ajustements dans votre budget.

La flexibilité nécessaire pour ajuster votre budget en cas de changements

1. **Changements de Revenus :** Si vos revenus augmentent ou diminuent, ajustez votre budget en conséquence. Si possible, consacrez une partie de toute augmentation de revenus à l'épargne ou à la réduction de la dette.

2. **Événements de Vie :** Les événements de vie tels que le mariage, la naissance d'un enfant, le déménagement ou la perte d'emploi peuvent nécessiter des ajustements budgétaires. Prévoyez ces changements à l'avance.

3. **Surveillance Continue :** Passez régulièrement en revue votre budget pour vous assurer que

vous suivez vos dépenses et atteignez vos objectifs financiers. Apportez des ajustements au besoin.

4. **Flexibilité Raisonnable :** Soyez flexible, mais restez responsable. Les ajustements budgétaires doivent être réfléchis et alignés sur vos objectifs financiers à long terme.

5. **Réserve d'Urgence :** Une réserve d'urgence solide peut vous aider à faire face aux imprévus sans compromettre votre budget principal.

Un budget réaliste et flexible est un outil puissant pour une gestion financière efficace. Il vous permet de prendre le contrôle de vos finances, de respecter vos obligations financières et d'atteindre vos objectifs financiers. Ce chapitre vous guidera dans la création d'un budget réaliste et dans la manière de l'ajuster au besoin en fonction de votre situation financière changeante.

Chapitre 9 : Gérer les Urgences Financières

Dans ce chapitre, nous aborderons la manière de faire face aux imprévus financiers sans déraper budgétairement. Les urgences financières, telles que les dépenses médicales inattendues ou les réparations de voiture, peuvent avoir un impact significatif sur vos finances si vous n'êtes pas préparé. Nous discuterons de l'importance de l'épargne d'urgence et comment la constituer pour faire face à ces situations.

Comment faire face aux imprévus sans déraper budgétairement

1. **Anticipation :** Reconnaissez que les imprévus financiers sont inévitables, et soyez mentalement préparé à les affronter.
2. **Réserve d'Urgence :** Ayez une réserve d'urgence en place pour faire face aux dépenses inattendues. Idéalement, elle devrait couvrir au moins trois à six mois de dépenses courantes.
3. **Établissez des Priorités :** En cas d'urgence, déterminez quelles dépenses sont les plus cruciales et lesquelles peuvent être différées ou réduites.

4. **Contactez vos Créanciers :** Si vous êtes incapable de payer vos dettes en raison d'une urgence financière, contactez vos créanciers pour discuter des options de report de paiement ou de renégociation.

L'importance de l'épargne d'urgence et comment la constituer

1. **But de l'Épargne d'Urgence :** L'épargne d'urgence est conçue pour couvrir les dépenses essentielles en cas d'urgence, telles que le logement, la nourriture et les factures courantes, lorsque vos revenus sont perturbés.
2. **Constituer l'Épargne d'Urgence :** Commencez par fixer un objectif réaliste pour votre réserve d'urgence. Économisez régulièrement une partie de vos revenus jusqu'à ce que vous atteigniez cet objectif.
3. **Compte Séparé :** Gardez votre épargne d'urgence dans un compte bancaire séparé pour éviter de la mélanger avec vos autres fonds. Assurez-vous qu'il est facilement accessible en cas de besoin.
4. **Maintenir la Réserve :** Une fois que vous avez atteint votre objectif initial, continuez à contribuer à votre épargne d'urgence pour la maintenir en cas de besoins futurs.

5. **Utilisation Responsable** : Utilisez votre épargne d'urgence uniquement pour des situations d'urgence légitimes. Évitez de la dépenser pour des dépenses non essentielles.
6. **Reconstitution** : Après avoir utilisé votre épargne d'urgence, reconstituez-la dès que possible pour qu'elle soit prête pour la prochaine urgence.

L'épargne d'urgence est un filet de sécurité financier essentiel. Elle vous donne la tranquillité d'esprit en sachant que vous êtes préparé à faire face aux imprévus financiers sans compromettre votre budget principal. Ce chapitre vous guidera dans la manière de constituer et de gérer efficacement votre épargne d'urgence.

Chapitre 10 : Construire un Avenir Financier Solide

Dans ce chapitre, nous nous concentrerons sur la manière de construire un avenir financier solide, même en période de difficultés financières. Épargner pour les objectifs à long terme, y compris la retraite, est essentiel pour assurer votre stabilité financière à long terme. Nous discuterons de la planification de votre retraite, des stratégies pour épargner en période de difficultés et de l'importance de la discipline financière à long terme.

Épargner pour les objectifs à long terme

1. **Définir vos Objectifs :** Identifiez vos objectifs financiers à long terme, tels que l'achat d'une maison, l'éducation de vos enfants et la retraite. Fixez des objectifs précis pour chacun d'eux.
2. **Créer un Plan d'Épargne :** Élaborez un plan d'épargne pour chaque objectif. Déterminez combien vous devez épargner régulièrement pour atteindre ces objectifs dans le délai souhaité.
3. **Automatisation :** Automatisez vos contributions à vos comptes d'épargne à long terme. Cela vous assure de respecter votre

plan d'épargne même lorsque les temps sont difficiles.

4. **Diversification** : Diversifiez vos investissements pour maximiser les rendements à long terme tout en minimisant les risques.

Planifier votre retraite même en période de difficultés financières

1. **Commencer tôt :** Le temps est votre meilleur allié en matière d'épargne-retraite. Commencez dès que possible, même avec de petites contributions.
2. **Utiliser des Comptes de Retraite :** Profitez des avantages fiscaux des comptes de retraite tels que les comptes de retraite individuels (IRA) ou les régimes 401(k) parrainés par l'employeur.
3. **Épargner Régulièrement :** Établissez une habitude d'épargne régulière pour la retraite, même si ce n'est qu'une petite somme. Chaque contribution compte.
4. **Réduire les Dépenses :** Identifiez des moyens de réduire vos dépenses afin de libérer plus d'argent pour l'épargne-retraite.
5. **Consultez un Conseiller Financier :** Si vous avez des questions sur la planification de votre retraite, consultez un conseiller financier qui

peut vous aider à élaborer une stratégie appropriée.

L'importance de la discipline financière à long terme

1. **Restez Patient :** Les objectifs financiers à long terme nécessitent de la patience. Les marchés financiers peuvent fluctuer, mais la discipline à long terme est essentielle.
2. **Ajustements au Besoin :** Revoyez régulièrement votre plan financier à long terme et ajustez-le en fonction des changements dans votre vie et vos objectifs.
3. **Ne Découragez Pas :** En période de difficultés financières, il peut être tentant de renoncer à l'épargne à long terme, mais maintenez votre engagement autant que possible.
4. **Apprenez et Adaptez-vous :** Continuez à vous éduquer sur la gestion financière et l'investissement. Apprenez de vos erreurs et adaptez votre plan en conséquence.

La construction d'un avenir financier solide nécessite une vision à long terme, de la discipline et de la persévérance. Même en période de difficultés financières, il est essentiel de continuer à épargner pour vos objectifs à long terme, y compris la retraite. Ce chapitre vous guidera dans la manière de planifier votre avenir financier, de rester discipliné et de travailler vers un avenir financier solide.

Conclusion

Dans ce livre, nous avons exploré de nombreux aspects de la gestion financière personnelle, en mettant l'accent sur la tenue d'un budget. Nous avons couvert les bases essentielles de la création et de la gestion d'un budget solide, ainsi que des stratégies avancées pour optimiser vos finances personnelles.

Nous avons commencé par comprendre pourquoi une gestion financière efficace est cruciale pour la stabilité financière et comment elle peut avoir un impact positif sur la qualité de vie. Ensuite, nous avons exploré les étapes essentielles pour créer un budget solide, en utilisant des techniques telles que la méthode des enveloppes pour gérer les dépenses variables.

Nous avons également discuté en détail de la règle du 50/30/20 pour répartir vos revenus et équilibrer vos finances. La différenciation entre les charges fixes et variables a été explorée pour vous aider à gérer ces éléments clés de votre budget de manière efficace.

Pour une gestion financière réussie, nous avons discuté de l'importance du suivi quotidien de vos dépenses et de l'analyse de vos habitudes de dépenses. Éliminer les dépenses inutiles et économiser sur les factures courantes a été examiné en détail pour vous aider à optimiser vos finances.

Nous avons également couvert la création d'un budget réaliste et la flexibilité nécessaire pour ajuster votre budget en cas de changements dans votre vie financière. La gestion des urgences financières et la constitution d'une épargne d'urgence ont été discutées pour vous aider à faire face aux imprévus.

Enfin, nous avons abordé la construction d'un avenir financier solide en épargnant pour les objectifs à long terme, y compris la retraite. Nous avons souligné l'importance de la discipline financière à long terme pour atteindre vos rêves financiers.

Ce livre vise à vous fournir les connaissances et les outils nécessaires pour prendre en main votre avenir financier, même en période de difficultés financières. Il est temps de mettre en pratique ces enseignements et de travailler activement vers une stabilité financière et la réalisation de vos objectifs financiers personnels. N'oubliez pas que la gestion financière est un voyage continu, et avec la bonne approche, vous pouvez atteindre la prospérité financière.

Annexe : Classification des Dépenses

La classification des dépenses en coûts fixes et coûts variables est un élément essentiel de la gestion financière. Cela vous permet de mieux comprendre où va votre argent et où vous pouvez éventuellement économiser. Voici une classification typique des dépenses en coûts fixes et coûts variables :

Coûts Fixes :

1. **Loyer :** Si vous louez un appartement ou une maison, le loyer est une dépense fixe mensuelle.
2. **Échéances de Remboursement :** Les paiements mensuels d'un crédit immobilier ou d'un prêt, tels que les prêts étudiants, auto, ou travaux, sont des coûts fixes.
3. **Assurances :** Les primes d'assurance, y compris l'assurance habitation, l'assurance automobile, et d'autres, sont des coûts fixes.
4. **Dépenses Énergétiques :** Les factures d'eau, d'électricité et de gaz sont généralement des dépenses fixes, bien que leur montant puisse varier saisonnièrement.

5. **Téléphone et Internet** : Les paiements mensuels pour votre ligne de téléphone portable et votre abonnement internet entrent dans la catégorie des coûts fixes.
6. **Impôts** : Les impôts, y compris l'impôt sur le revenu, la taxe foncière, et d'autres taxes, sont des coûts fixes.

Coûts Variables :

1. **Alimentation** : Les dépenses liées à l'alimentation, y compris l'épicerie et les repas à l'extérieur, sont des coûts variables.
2. **Shopping** : Les achats de vêtements, d'électronique, de meubles, etc., entrent dans la catégorie des coûts variables.
3. **Sorties** : Les frais de divertissement tels que les restaurants, le cinéma, le théâtre, le bowling, les bars, etc., sont des coûts variables.
4. **Loisirs** : Les coûts liés aux abonnements de loisirs, comme une salle de sport, un service de streaming musical ou vidéo, sont des coûts variables.

Annexe : Conseils pour Réduire les Dépenses

Réduire vos dépenses est un moyen efficace d'améliorer votre situation financière et de mieux gérer votre budget. Voici une liste de conseils pratiques pour vous aider à réduire vos dépenses de manière significative :

1. **Établissez un Budget :** Commencez par créer un budget détaillé qui répertorie toutes vos dépenses mensuelles et comparez-le à vos revenus. Cela vous aidera à identifier où vous dépensez le plus.

2. **Priorisez vos Besoins :** Distinctez entre vos besoins essentiels (nourriture, logement, factures) et vos envies (sorties, achats impulsifs). Concentrez-vous d'abord sur la couverture de vos besoins.

3. **Planifiez vos Repas :** Préparez des repas à la maison plutôt que de manger au restaurant. Planifiez vos menus et faites des courses en fonction pour éviter le gaspillage alimentaire.

4. **Économisez sur les Loisirs :** Cherchez des alternatives gratuites ou peu coûteuses pour vos loisirs. Explorez des événements communautaires, utilisez des coupons de

réduction, ou profitez d'activités en plein air gratuites.

5. **Comparez les Prix :** Avant d'acheter, comparez les prix en ligne ou utilisez des applications de comparaison de prix pour trouver les meilleures offres.

6. **Évitez les Achats Impulsifs :** Avant d'acheter quelque chose, réfléchissez à son utilité réelle et à sa nécessité. Évitez les achats impulsifs.

7. **Limitez les Abonnements :** Passez en revue tous vos abonnements mensuels (streaming, magazines, gym, etc.) et annulez ceux que vous n'utilisez pas régulièrement.

8. **Achetez d'Occasion :** Considérez l'achat d'articles d'occasion ou reconditionnés, comme des meubles, des vêtements ou des appareils électroniques.

9. **Négociez les Tarifs :** N'hésitez pas à négocier les tarifs de vos services, tels que l'assurance, le câble, ou votre abonnement Internet. Vous pourriez obtenir des réductions.

10. **Vente d'Articles Inutiles :** Faites le tri chez vous et vendez les articles dont vous n'avez plus besoin. Utilisez les revenus pour rembourser des dettes ou épargner.

11. **Économisez sur l'Énergie :** Adoptez des habitudes économes en énergie, comme l'extinction des lumières inutiles, la réduction du chauffage ou de la climatisation lorsque vous

n'êtes pas chez vous, et la réparation de fuites d'eau.

12. **Économisez sur les Déplacements** : Utilisez les transports en commun, le covoiturage, ou envisagez le vélo ou la marche pour réduire les coûts liés aux déplacements.

13. **Programmes de Récompenses** : Utilisez des cartes de crédit avec des programmes de récompenses pour gagner des avantages tels que des remises en argent ou des réductions sur les voyages.

14. **Réduisez les Frais Bancaires** : Choisissez une banque qui offre des comptes sans frais ou vérifiez si vous pouvez éviter les frais en maintenant un solde minimum.

15. **Planifiez vos Achats Importants** : Si vous avez des achats importants à faire, planifiez-les à l'avance pour profiter des soldes et des promotions.

En appliquant ces conseils de manière systématique, vous pouvez commencer à réduire vos dépenses, à économiser de l'argent et à améliorer votre situation financière globale. Le contrôle des dépenses est un élément clé de la gestion financière réussie.

Annexe : 20 Actions Quotidiennes pour Économiser de l'Argent

Économiser de l'argent au quotidien ne nécessite pas toujours des changements majeurs dans votre vie. Voici 20 actions simples que la plupart des gens peuvent intégrer dans leur routine hebdomadaire pour économiser de l'argent :

1. **Optez pour le Vélo ou la Marche :** Si possible, utilisez le vélo ou marchez pour vous rendre au travail ou à d'autres destinations locales, au lieu de conduire.
2. **Éteignez les Lumières :** Éteignez les lumières lorsque vous quittez une pièce et utilisez la lumière naturelle autant que possible.
3. **Coupez les Appareils en Veille :** Éteignez complètement les appareils électroniques au lieu de les laisser en veille.
4. **Utilisez des Coupons et des Applications de Remises :** Avant de faire des achats, consultez des coupons en ligne ou utilisez des applications de remises pour trouver des offres.
5. **Planifiez vos Repas :** Prévoyez vos repas pour la semaine, faites une liste d'achats et achetez uniquement ce dont vous avez besoin.

6. **Faites des Courses en Vrac :** Achetez des produits non périssables en vrac pour économiser sur le coût unitaire.
7. **Utilisez les Transports en Commun :** Si les transports en commun sont disponibles, utilisez-les pour économiser sur les coûts liés à la voiture.
8. **Évitez les Achats Impulsifs :** Avant d'acheter quelque chose, réfléchissez à son utilité réelle et à son besoin.
9. **Utilisez une Gourde :** Évitez d'acheter de l'eau en bouteille en utilisant une gourde réutilisable.
10. **Réduisez la Consommation de Viande :** Optez pour des repas à base de légumes de temps en temps pour économiser sur les coûts de la viande.
11. **Économisez sur les Loisirs :** Cherchez des activités de loisirs gratuites ou peu coûteuses pour vos sorties.
12. **Vente d'Articles Inutiles :** Régulièrement, triez vos affaires et vendez ce que vous n'utilisez plus.
13. **Utilisez la Bibliothèque :** Empruntez des livres, des films et de la musique à la bibliothèque au lieu de les acheter.
14. **Évitez les Boissons à Emporter :** Préparez votre propre café, thé ou smoothie à la maison au lieu d'acheter des boissons à emporter.

15. **Mangez des Restes :** Réutilisez les restes de repas pour éviter le gaspillage alimentaire.
16. **Économisez sur les Énergies :** Réduisez la consommation d'énergie en utilisant des appareils économes en énergie et en ajustant votre thermostat.
17. **Cultivez vos Propres Herbes :** Si possible, cultivez vos propres herbes à la maison plutôt que d'acheter des herbes fraîches.
18. **Regroupez vos Achats en Ligne :** Si vous faites des achats en ligne, regroupez-les pour économiser sur les frais de livraison.
19. **Économisez sur les Cadeaux :** Soyez créatif en fabriquant des cadeaux plutôt qu'en les achetant.
20. **Passez en Revue vos Factures :** Examinez régulièrement vos factures pour détecter des erreurs ou des frais inutiles.

En intégrant ces actions dans votre quotidien, vous pouvez commencer à économiser de l'argent de manière significative, sans sacrifier la qualité de vie. Chaque petite économie contribue à un budget plus sain.

Annexe : Les Pièges à Éviter pour une Gestion Budgétaire Réussie

La gestion budgétaire peut être un défi, mais elle est essentielle pour maintenir une stabilité financière. Cependant, il y a des pièges courants que vous devriez éviter lors de la gestion de votre budget. Voici une liste de dangers potentiels auxquels vous devez être attentif :

1. **L'Inflation Invisible :** L'inflation peut réduire la valeur de votre argent au fil du temps. Assurez-vous que vos investissements et vos revenus augmentent au moins au même rythme que l'inflation pour maintenir votre pouvoir d'achat.
2. **La Tentation de la Dette :** L'accumulation de dettes à crédit peut rapidement nuire à votre budget. Évitez de vous laisser entraîner par des prêts à intérêt élevé et gardez un œil sur votre dette totale.
3. **Les Frais Bancaires Cachés :** Les banques peuvent facturer des frais pour divers services. Assurez-vous de comprendre les frais associés à votre compte bancaire et de choisir un compte qui minimise ces frais.

4. **L'Impulsion d'Achat :** Les achats impulsifs peuvent rapidement faire dérailler votre budget. Prenez le temps de réfléchir avant d'acheter quelque chose qui n'est pas prévu dans votre budget.

5. **La Négligence des Petites Dépenses :** Les petites dépenses régulières, comme le café à emporter, peuvent s'accumuler rapidement. Gardez une trace de toutes vos dépenses, même les plus petites.

6. **Le Surendettement :** Contracter trop de dettes par rapport à vos revenus peut conduire au surendettement. Évitez d'emprunter plus que vous ne pouvez vous permettre de rembourser.

7. **La Dépendance aux Cartes de Crédit :** L'utilisation excessive des cartes de crédit peut entraîner des intérêts élevés et des dettes. Utilisez-les judicieusement et remboursez votre solde chaque mois si possible.

8. **L'Oubli des Échéances :** Les paiements en retard entraînent souvent des frais et des pénalités. Assurez-vous de respecter les dates d'échéance de vos factures et dettes.

9. **La Négligence des Économies :** Ne sous-estimez pas l'importance de l'épargne. Même en période de difficultés financières, essayez de mettre de côté une petite somme pour les urgences et les objectifs à long terme.

10. **L'Absence d'Éducation Financière :** Ne pas comprendre les bases de la gestion financière peut vous laisser vulnérable aux erreurs et aux mauvaises décisions. Investissez du temps pour vous éduquer financièrement.

11. **La Comparaison aux Autres :** Évitez de comparer votre style de vie et vos dépenses à ceux des autres. Chacun a des situations financières différentes.

12. **L'Évitement des Problèmes :** Si vous rencontrez des difficultés financières, ne les évitez pas. Affrontez-les rapidement et cherchez de l'aide si nécessaire.

13. **Le Manque de Planification à Long Terme :** La planification à long terme est essentielle pour la stabilité financière. Ne vous concentrez pas uniquement sur le court terme ; envisagez vos objectifs financiers à long terme.

14. **Les Tendances à la Consommation Excessive :** Les tendances à la consommation excessive, comme les achats impulsifs ou les achats émotionnels, peuvent entraîner des dépenses non planifiées.

15. **L'Ignorance des Taxes :** Assurez-vous de comprendre les implications fiscales de vos actions financières, comme les gains en capital ou les déductions fiscales.

En évitant ces pièges courants, vous pouvez mieux protéger votre budget, éviter les problèmes financiers à long terme, et travailler vers une stabilité financière durable. La vigilance et l'éducation financière sont vos meilleurs atouts pour gérer efficacement votre argent.

www.ingramcontent.com/pod-product-compliance
Lightning Source LLC
Chambersburg PA
CBHW062300290526
45794CB00006B/2627